CONSIDÉRATIONS

MARITIMES

AU SUJET DU

TRANS-SAHARIEN

Par M² Crotabas

ORAN

IMPRIMERIE DE L'ASSOCIATION OUVRIÈRE

HEINTZ, ARTUS ET Cie

16, boulevard Malakoff, 16

M DCCC LXXIX

CONSIDÉRATIONS MARITIMES

AU SUJET DU

TRANS-SAHARIEN

Le chemin de fer Trans-Saharien, qui doit dans sa complète expansion relier nos deux colonies africaines, Algérie et Sénégal, entre elles et avec la grande station intermédiaire de Tombouctou, ne saurait être considéré comme une œuvre tentée au profit unique de ces colonies.

Il sera, avant tout, la grande voie qui doit assurer l'échange des produits commerciaux entre la France et les vastes régions en partie inexplorées encore du centre de l'Afrique par l'intermédiaire des ports algériens d'abord et des ports français des deux mers ensuite.

Ainsi comprise, et nous pensons qu'elle ne peut l'être autrement, cette grande artère doit être considérée comme se composant d'une partie continentale et d'une partie maritime: la première avec un développemont variant entre 2,200 et 2,600 kilomètres, selon que le tracé partant de Tombouctou se dirigera vers l'ouest ou vers l'est de notre possession algérienne; la seconde de 1,000 à 750 (1) kilomètres représentant la distance entre la côte méridionale de France et celle qui lui fait face en Algérie, selon le point de cette dernière côte où aboutira la voie ferrée.

---

(1) Ces chiffres seraient augmentés dans des proportions diverses pour la partie du trafic qui prendrait la route des ports français de l'Océan ou de la Manche.

Le choix de ce dernier point acquiert donc une double importance, eu égard aux ressources propres qu'il peut offrir comme port, et aux avantages qui peuvent résulter de sa position géographique pour la facilité des relations maritimes avec la côte française.

Sans préjuger en rien d'ailleurs les conditions territoriales qui peuvent faire adopter tel ou tel tracé pour la voie ferrée, nous nous sommes placé dans cette étude succincte au point de vue exclusivement maritime, estimant que la situation plus ou moins avantageuse du port tête de ligne du Trans-Saharien en Algérie est un des éléments importants du grand projet qui s'élabore en ce moment et qui peut faire concevoir les plus grandes espérances.

La côte algérienne, dont les grandes lignes courent à peu près est et ouest entre Bône et Alger, se trouve exactement en face du littoral français qui, sous une courbe concave enserrant le golfe de Lion, présente ses deux ports extrêmes, Nice et Port-Vendres, presque exactement sur les méridiens des deux ports algériens précités.

En dehors de ces méridiens, s'infléchissant sensiblement au sud-ouest, la côte algérienne se continue vers Oran et la frontière marocaine, sur un développement d'environ 500 kilomètres.

A première vue donc, pour être le plus court possible, le prolongement maritime du Trans-Saharien devrait passer entre Bône et Alger ou à l'un de ces deux points. Il devrait en être nécessairement ainsi si Tombouctou, qui sera longtemps, on peut le supposer, tête de ligne du Sud, se trouvait lui-même dans la direction ou à peu près de cet axe maritime.

Mais il est loin d'en être ainsi ; le méridien de cette capitale du Soudan, prolongé au Nord, passe en dehors même du front septentrional algérien, et coupe le littoral vers le cap Très-Forcas, à 70 kilomètres à l'ouest de la frontière marocaine. Il en résulte que c'est sur notre côte ouest et le plus près possible de son extrémité qu'il faut chercher le port algérien le plus voisin de Tombouctou à vol d'oiseau.

Pour en arriver à une appréciation à peu près exacte de la question à l'unique point de vue des distances en ligne directe, supposons deux lignes partant de Tombouctou, se dirigeant vers l'est et vers l'ouest de la côte algérienne et convergeant ensuite à travers la Méditerranée pour aboutir toutes les deux à Marseille.

Nous verrons plus tard que cette hypothèse de Marseille comme tête de ligne dans le nord n'infirme en rien nos conclusions auxquelles prêterait au contraire une nouvelle force le transport de cette tête de ligne vers l'ouest, sur Cette ou Port-Vendres.

Supposons encore la côte algérienne divisée en deux parties, l'une orientale, de la frontière tunisienne à Alger, l'autre occidentale, entre ce port et la frontière marocaine.

Et pour mieux préciser, prenons Philippeville et Oran, les deux grands ports les plus rapprochés du centre de figure de ces deux tronçons imaginaires de la côte d'Algérie.

L'évaluation des distances ressortira ainsi :

De Tombouctou à Marseille

Via Philippeville	partie continentale. . . . . . . .2.220 k. [1]	
	maritime 730	
	Total 2.950	
Via Oran	partie continentale. . . . . . .1 870 k. [1]	
	maritime 1 000	
	Total 2 870	

Les chiffres donnés ci-dessus pour Philippeville ne seraient pas notablement changés pour Bône, mais subiraient une réduction de 6 à 7 p. 0/0 en ce qui concerne la partie continentale, si la ligne passait par Alger.

D'une manière absolue, cette unique différence de moins de 100 kilomètres, ressortant des évaluations ci-dessus, sur un parcours total de près de 3,000 kilomètres, ne serait certainement pas un argument de quelque valeur en faveur du tracé occidental; mais il n'en est pas de même si l'on considère les éléments partiels de ce total.

---

(1) Ces chiffres donnent les distances en ligne directe de *Tombouctou à Philippeville ou Oran* sans tenir compte du projet de tracé unique sur Aïn-Salah, avec variantes dans le nord.

Un avantage très-notable résulte évidemment de la réduction du parcours terrestre, réduction qui se chiffre par 350 kilomètres.

Toutes conditions égales, d'ailleurs, cette seule considération devrait certainement faire décider le tracé occidental, parce que :

1° C'est sur la partie terrestre seule que portent les difficultés de construction, défenses contre les sables mouvants, approvisionnement d'eau, mesures de sécurité pour les travailleurs et pour la garde de la ligne, etc., etc., et qu'une réduction de 15 p. 0/0 sur cette partie du parcours a une importance sérieuse.

2° Parce que, sur une même distance totale ou à peu près, entre Tombouctou et Marseille, il y a tout avantage à avoir moins de parcours terrestre et plus de trajet maritime, car chacun sait qu'à parcours égal, le prix du transport des voyageurs et des marchandises est bien moins élevé par navire que par chemin de fer.

Des arguments d'une autre nature nous paraissent également devoir être pris en considération.

Les trois ports principaux de la région Est, Bône, Philippeville, Alger, sont certainement plus rapprochés de Marseille que le port d'Oran et cela dans la proportion moyenne de 135 à 180, soit 25 pour 0/0 ; mais il est un fait reconnu par tous les marins et les nombreux passagers qui traversent cette partie du bassin méditerranéen, c'est que la navigation est généralement plus sûre et plus facile entre Marseille et Oran et *vice-versa* que sur les lignes plus orientales.

Cela tient à ce que les vents d'ouest, qui, dans cette région, sont de beaucoup les plus fréquents et les plus violents en hiver, rendent la mer très-dure dans la partie est, tandis qu'elle est bien plus clémente le long de l'abri que font les côtes d'Espagne.

Par Bône, Philippeville, Alger, on est forcé, pour atterrir à Marseille, de traverser le golfe de Lion, tandis que par Oran, on peut se soustraire à la grosse mer qu'y soulève le mistral, en longeant de près les côtes du Languedoc.

Dans les grands mauvais temps d'ouest, il arrive assez fréquemment que les navires partis d'Alger sont obligés de s'écarter beaucoup de leur route pour venir chercher sur le cap Creux et le long de la côte languedocienne l'abri dont nous parlons.

Si au lieu de considérer Marseille comme terminaison forcée de la ligne, nous la faisons aboutir à Port-Vendres, nous obtenons une réduction de 25 lieues marines, soit 140 k. en faveur du tracé occidental. Et cette considération a bien son importance, car il y aurait tout avantage à faire débarquer à Port-Vendres, port sûr et accessible par tous les temps, le trafic à destination de la région sud-ouest de la France, et cela avec d'autant plus de facilité que très-probablement sera organisé bientôt un service de bateaux à vapeur entre ce port et Oran.

La réduction du trajet serait bien plus considérable encore, si, consentant à emprunter le territoire étranger sur une partie du parcours, nous faisons aboutir voyageurs et marchandises à Carthagène.

Dans cette dernière hypothèse, le trajet total entre Tombouctou et le port européen le plus voisin ne se composerait plus alors que de 1870 kil. plus 200 kil., distance entre Oran et Carthagène, soit 2,070 au lieu de 2,970, c'est-à-dire 30 0/0 en moins.

Aux considérations qui précèdent, nous pouvons encore ajouter celle-ci : c'est que les marchandises encombrantes relativement à leur valeur et qui ne peuvent supporter les frais de transbordements multiples, auraient tout avantage à être embarquées pour arriver directement sur ceux des ports français les plus voisins de leur destination définitive.

Toutes celles des marchandises destinées aux régions sud-ouest, ouest et nord de la France, et qu'il n'y aurait pas urgence à faire arriver dans le plus bref délai, devraient donc passer le détroit de Gibraltar et aller débarquer à Bordeaux, Saint-Nazaire, le Havre, Dunkerque, etc.

L'avantage du port ouest-algérien se manifeste clairement encore dans cette hypothèse, car, un navire devant aller à Bordeaux, par exemple, aurait à faire un parcours de 465 ou 400 lieues marines, selon qu'il partirait d'Alger ou d'Oran, avec une économie de trajet dans ce dernier cas de 14 p. 0/0, soit 20 heures pour un voyage de 6 jours avec un vapeur ayant 10 nœuds de vitesse moyenne

Les avantages du tracé par la région occidentale nous paraissant suffisamment établis, il nous reste à chercher quel est le point de la côte ouest de l'Algérie qui se présente sous les conditions les plus favorables.

La tête de ligne de la grande voie ferrée ou plutôt l'importante station intermédiaire où voyageurs et marchandises doivent quitter le wagon pour le navire ou *vice-versa*, doit être un port sûr, vaste et commode, avec des bassins d'évolutions et d'opérations, d'un accès facile par tous les temps ; on doit y trouver encore les accessoires importants d'un grand port, bassin de radoub, cales de halage et de construction, docks spacieux, et surtout un développement de quais suffisant pour que puissent accoster et opérer avec facilité et promptitude les nombreux bâtiments qu'appellera ce transit considérable ; larges surfaces de terrains contigus aux quais pour la création de vastes entrepôts desservis par des voies ferrées et charretières, installation de nombreuses et puissantes grues, etc., etc.

On peut dire à *priori,* qu'aucun des ports de l'Algérie ne présente actuellement toutes ces conditions désirables et que quelques-uns seulement sont susceptibles d'une transformation qui les en fasse approcher dans l'avenir.

Cherchons donc sur la côte ouest la plus avantageuse à d'autres points de vue, comme nous croyons l'avoir démontré, quelle est la situation maritime qui s'approche le plus du désideratum.

D'Alger à la frontière marocaine, partie de la côte algérienne où, malheureusement la nature n'a pas prodigué, comme elle l'a fait en d'autres régions, les conditions favorables pour l'établissement de bons ports, il n'en est que trois sur lesquels notre attention puisse se fixer : *Arzew, Oran, Rachgoun.*

On peut effectivement éliminer tout d'abord Ténès et Mostaganem, qui, à des degrés différents, battus par la mer du large, sans abri naturel contre les vents du nord et de l'ouest, ne seront jamais que des ports d'un entretien onéreux et d'une sécurité douteuse.

On peut en faire autant de Beni-Saf, port en construction pour des besoins particuliers, à surface trop restreinte pour le but qui nous occupe, et dont l'utilité, s'il résiste aux efforts de la mer et à l'ensablement, se bornera toujours à l'objet spécial pour lequel la compagnie des Mines de la Tafna le fait construire.

Arzew, presque aussi favorisé que Mers-el-Kebir par sa situation topographique qui le met à l'abri des vents d'ouest et du nord, arrive pourtant avec un degré d'infériorité marqué sur celui-ci.

C'est d'abord que les hauts fonds qui bordent le rivage, ne permettent pas d'utiliser toute la partie naturellement abritée pour les mouvements d'un navire de tirant d'eau moyen, et ensuite, parce que le golfe, plus ouvert à l'est, est moins garanti de la grosse mer venant de cette direction.

En somme, Arzew bon mouillage de relâche, bon port secondaire, ne nous paraît pas en situation de devenir un grand port.

A *Rachgoun*, l'île de ce nom abrite suffisamment l'embouchure de la Tafna contre la mer du large, pour constituer un mouillage de relâche pour les bâtiments moyens. — La situation de cette île à 1,800 mètres de la côte, le prolongement des roches à terre qui se termine par l'îlot de Siga, à l'ouest de l'embouchure, sont des conditions favorables pour l'établissement d'un port assez vaste, mais qui ne serait obtenu que par de longues et coûteuses jetées, et où, d'ailleurs, tout est à faire.—Il y aurait en outre cet inconvénient d'une rivière importante débouchant dans ce port et pouvant l'envaser.

Toutes les autres situations maritimes étant écartées en vue du but spécial qui nous occupe, il ne nous reste plus à examiner que celle d'Oran et rechercher si elle pourrait remplir les conditions désirables.

Pour qu'un port de commerce rende tous les services qu'on peut et doit en attendre; pour que son utilisation soit aussi grande que possible, eu égard aux dépenses considérables qu'entraîne la construction des ouvrages à la mer, il ne suffit plus que ses lignes extérieures, naturelles ou artificielles circonscrivent et abritent contre les mouvements de la mer la plus grande surface maritime possible. C'était à peu près l'unique condition recherchée autrefois, alors que l'embarque-

ment et le débarquement des marchandises se faisait chèrement et avec lenteur, sur des pontons et des allèges.

Aujourd'hui, les conditions sont changées, il faut opérer vite et économiquement.

Effectivement, les navires à vapeur, substitués presque partout aux bâtiments à voiles, représentent un capital très-élevé qu'il ne faut pas immobiliser sans profits par de longs séjours dans les ports.

En outre, il est prouvé qu'il y a relation directe entre le tonnage du bâtiment et l'économie du transport; celle-ci étant d'autant plus grande que celui-là est plus élevé dans les limites possibles. Ainsi, le transport à un mille de distance du tonneau de déplacement, qui, dans les navires de commerce, est en rapport avec le poids utile transporté, exige une dépense moyenne de combustible de $0^k 210$ par un vapeur de 500 tonneaux, marchant 12 nœuds, tandis que cette même dépense n'est que le 1/3, soit environ $0^k 070$, par un vapeur de 5,000 tonneaux (1).

Il s'ensuit évidemment qu'il y aura toujours tendance à augmenter la capacité des navires, et comme corrollaire, élévation du capital qu'ils représentent, d'où nécessité d'assurer avec la plus grande célérité leurs mouvements dans le port.

Pour remplir cette dernière condition, les ports doivent être aménagés de manière à pouvoir offrir une place à quai à tous les navires qui viennent y opérer. Ces quais doivent être établis sur une profondeur d'eau de 7 à 8 mètres et avoir un développement suffisant pour que les navires puissent y accoster parallèlement, de manière à pouvoir embarquer et débarquer leurs marchandises par toutes les écoutilles à la fois.

Il faut, en outre, qu'en arrière de ces quais, il y ait une largeur de terrain suffisante pour y établir les grues, les voies ferrées, les hangars de vérification, les magasins de dépôt, etc.; tout ce qui, en un mot, a pour but d'assurer rapidement et économiquement les opérations d'embarquement, débarquement, manu-

---

(1) Ces consommations ont été réduites par de nouvelles améliorations apportées aux appareils moteurs, mais le rapport de consommation reste toujours le même.

tention, vérification, magasinage et transit de la marchandise.

Le port d'Oran, qui consistait uniquement, il y a 15 ans, en un petit bassin de 4 à 5 hectares, par une profondeur maximum de 6 mètres, a été considérablement étendu par l'établissement d'une jetée de plus de 1,000 mètres, qui a fait gagner une superficie de 28 hectares, sans compter l'avant-port d'environ 6 hectares.

Ce nouveau bassin, où les eaux sont tranquilles par tous les temps et où le ressac est bien moins fort qu'en d'autres ports, notamment qu'à Alger, offre, dans sa partie nord, sur les 3/4 de sa superficie, des fonds variant entre 9 et 15 mètres, et dans sa partie sud, une moyenne de 6 à 9 mètres.

En y ajoutant les 4 hectares du vieux bassin, où ne peuvent opérer que des navires d'un tirant d'eau faible ou moyen, on disposerait donc pour le transit que nous avons en vue, s'ajoutant d'ailleurs à celui qui existe déjà, d'une surface de 32 hectares.

C'est dans cette superficie qu'il faut trouver l'espace nécessaire pour le bassin d'évolutions, et le ou les bassins d'opérations.

Un quai est projeté le long de la grande jetée, au moins sur les 700 mètres qui abritent les bassins intérieurs; la largeur de ce quai ne serait pas suffisante pour permettre l'installation des grues, voies ferrées et charretières, magasins, etc., à moins de la conquérir aux dépens du port, ce qui aurait l'inconvénient de réduire une dimension déjà bien restreinte.

Trente-cinq grands bâtiments pourraient y trouver place perpendiculairement à la jetée, en y occupant chacun 20 mètres de largeur.

Il nous resterait alors comme bassin d'opération les surfaces ci-dessous :

1° La zone méridionale restant dans le bassin neuf, le long de la jetée intérieure ;

Soit $250 \dfrac{60+100}{2} = $ . . . . 2 hectares

2° La partie sud du grand port en face la gare maritime, $500 \dfrac{300+170}{2} = $ . . . . 11 hectares 75

3° Le vieux port . . . . 4 hectares 25

Surface totale du bassin d'opérations. . . . 18 hectares

défalcation faite des bas-fonds inutilisables ou des ouvrages projetés en mer.

La longueur approximative des quais pouvant être utilisés dans les conditions énoncées plus haut serait:

1º Le côté ouest du bassin neuf . . . . 130^m

2º La face nord de la jetée intérieure 250

3º Un môle à créer et que nous proposerions de faire normalement au côté sud, en face de la gare maritime, en lui supposant les dimensions suivantes : longueur 200^m, largeur 130^m, et qui, accostable sur trois faces donnerait un développement de quais de 530

4º On pourrait y ajouter encore environ 90^m de quai le long de la jetée Ste-Thérèse, à condition de l'élargir jusqu'à 60^m et gagnant du côté extérieur; ci 90

Ce qui donne un développement total de quais de 1,000^m

Nous avons à dessein négligé dans cette évaluation les quais du vieux port qui ne sont pas accostables par les grands bâtiments, mais qui sont utilisés pour le trafic du cabotage.

En estimant, ce qui est loin d'être exagéré, à 300 tonnes le trafic annuel par mètre courant de quai, nous arrivons au chiffre de 300,000 tonnes, représentant le mouvement total annuel possible dans les meilleures conditions d'économie et de célérité.

Il conviendrait, dans l'hypothèse de la construction du môle dont je parle et qui me paraît absolument nécessaire, de défalquer sa superficie, soit 2 hectares 60, de celle du bassin d'opérations, qui n'aurait plus alors que 18, moins 2,60, soit 15 hect. 40.

Nous n'hésitons pas à dire que ces conditions, propres à faire face aux premiers besoins, et à les satisfaire même dans une notable proportion, pendant les premières années de l'établissement de la ligne, ne nous paraissent pas donner complète satisfaction à ceux qui résulteraient de l'énorme trafic probable créé par le Trans-Saharien lorsqu'il serait en pleine activité.

Dans cette éventualité, qui ne se réaliserait sans doute qu'au bout de quelques années, le port d'Oran pourrait être insuffisant au triple point de vue de l'exiguïté du bassin d'évolutions pour es mouvements maritimes, du peu de développement des quais, et surtout du peu d'étendue des terrains libres nécessaires aux abords de ces quais et que parait ne pas pouvoir comporter dans l'avenir la situation topographique du port d'Oran, dominé de près par des hauteurs à la base desquelles il n'est pas possible de conquérir l'espace voulu.

Mais cette insuffisance probable pour l'avenir est largement rachetée par les conditions hautement propices de la situation maritime de Mers-el-Kebir, qui n'est séparée de celle d'Oran que par une distance de 5 kilomètres en ligne droite. — Dans son état actuel même, cette rade serait un auxiliaire puissant, un avant-port pouvant recevoir en toute sécurité, dans toutes les saisons, les bâtiments qui attendraient leur tour pour opérer à quai à Oran.

Et, lorsque serait venue l'époque où il y aurait absolue nécessité de s'agrandir, lorsque les richesses développées par cet immense courant commercial justifieraient et permettraient les grandes dépenses profitables, la solution serait tout indiquée d'avance. Ce serait le moment alors d'utiliser, en s'imposant des sacrifices relativement légers par rapport au but à atteindre, une situation maritime qui ne nous parait pas avoir sa pareille en Algérie : nous voulons dire la transformation de la rade de Mers-el-Kebir en un vaste port de commerce.

Sans avoir la prétention de présenter à ce sujet un projet complet et définitif, qu'il nous soit permis d'en indiquer les grandes lignes.

Supposons deux jetées, l'une de 1,100 mètres, partant du phare et se dirigeant au S.-S.-E. vers le village de Sainte-Clotilde, sur un fond variant entre 26 et 30 mètres ; l'autre, de 12 à 1,300 mètres, s'amorçant vers Saint-Jérôme, se dirigeant à peu près au nord dans la direction du bout de la première, laissant une entrée libre de 200 mètres et reposant sur un fond moyen de 15 mètres.

Ces deux ouvrages circonscriront une superficie de 240 hectares (8 fois celle du port d'Oran) parfaitement abritée.

Cette surface maritime sera naturellement divisée en deux parties : 1° celle des fonds supérieurs à 9 mètres avec une surface de 160 hectares, qui formerait l'un des plus beaux bassins d'évolution du monde, l'autre de 80 hectares avec des fonds inférieurs à 9 mètres.

Cette dernière consistera en une zone de 300 mètres de largeur moyenne, s'étendant le long de la côte ouest de la rade, sur un développement de 2,500 mètres. A la partie la plus profonde (7 à 9 mètres) de cette zone pourraient être ménagés 5 bassins d'opération de 200 mètres de largeur, séparés entre eux par des môles de 200 mètres de long sur 130 de large, fournissant en tout un développement de quais de 3,600 mètres. Sur la partie en arrière, par les fonds de 9 à 3 mètres, il serait facile de conquérir sur la mer l'espace voulu pour les cales de halage et de construction, formes sèches, docks, entrepôts, magasins, etc.. La partie de ces établissements la plus distante d'Oran n'étant éloignée que de 7 kilomètres, il suffirait, pour les relier à ce dernier point, qui resterait toujours le centre d'activité commerciale, d'une voie ferrée de 7 kilomètres dont 2 1/2 en tunnel.

Nous sortirions du cadre de cette étude si nous voulions évaluer, même approximativement, les dépenses qu'entraînerait l'exécution de ces travaux ; nous n'avons voulu qu'appeler l'attention sur les avantages que présenterait le tracé du Trans-Saharien par Oran, et que nous avons appelé *Tracé occidental*. — Ces avantages paraissent se résumer ainsi : Importante réduction du trajet terrestre, facilités naturelles pour la partie nautique du trajet, réduction notable du parcours maritime pour arriver aux ports Ouest et Nord de la France, ressources immédiates offertes par le port d'Oran, et, enfin, situation exceptionnellement avantageuse pour la réalisation de tous les projets d'avenir qui feraient d'Oran-Mers-el-Kebir le grand port tète de ligne algérienne du Trans-Saharien.

Ce sont ces considérations que nous présentons avec confiance aux hommes éminents qui ont conçu le grandiose projet du Trans-Saharien, et qui, nous voulons l'espérer, en assureront l'exécution au grand bénéfice de la civilisation et des intérêts français.

Un Membre de la Société de géographie.

Oran. — Imp. de l'Association ouvrière.

www.ingramcontent.com/pod-product-compliance
Lightning Source LLC
LaVergne TN
LVHW051131060726
842526LV00006B/2008